Les Bienfaits de l'Overkiffance

Apprends à overkiffer ton quotidien

Les Bienfaits de l'Overkiffance

Apprends à overkiffer ton quotidien

David Gabriel

© 2023 David Gabriel

Édition : BoD – Books on Demand, info@bod.fr
Impression : BoD – Books on Demand, In de Tarpen 42, Norderstedt (Allemagne)

Impression à la demande

Illustration : David Gabriel

ISBN : 978-2-3224-8593-2
Dépôt légal : Juillet 2023

Introduction

Salut à toi qui lis ceci. Tout d'abord merci d'avoir acheté ce livre et/ou de t'y intéresser.

Pourquoi lire ce livre ? Et, à quoi peut-il te servir ?

Eh bien, voici la réponse. Si tu lis ce livre entièrement et si tu appliques les conseils qui y sont prodigués, tu vas découvrir une nouvelle façon de voir les choses et tu vas devenir une nouvelle version de toi-même. Une version plus positive et plus confiante que jamais.

Si tu en as assez d'être déprimé(e), malmené(e), de manquer de confiance en toi, d'être fatigué(e) tout le temps, de manquer d'énergie, de motivation, d'avoir des insomnies, de ne pas savoir quoi faire, d'être perdu(e), de stagner, de ne pas être écouté(e), respecté(e), de ne pas savoir dire non ou d'être toujours influencé(e) par les circonstances extérieures, alors ce guide est fait pour toi. Nul doute que tu aimeras ce qui va suivre. Il y a une solution à tout ça. Et c'est facile à appliquer. Pas besoin de 15 ans de thérapie ou de séminaires surtaxés rassure-toi. La seule chose dont tu aies besoin c'est toi-même.

1

Qu'est-ce que l'overkiffance et qu'est-ce qu'elle peut apporter à ton quotidien ?

L'overkiffance pour vraiment faire simple c'est : Apprécier pleinement un instant afin de n'avoir aucun regret.

Mais si je détaille ce que ça signifie plus en profondeur, l'overkiffance c'est : S'autoriser à être pleinement soi-même et à ressentir sans retenue ses émotions. Cela signifie être conscient de tout ce qui nous entoure et être reconnaissant de vivre chaque expérience. C'est être serein et apaisé en toute circonstance. Même au cœur de l'action ou pendant que tu fais une activité dynamique, tu restes maître de toi-même et est totalement lucide. Qu'il s'agisse de danser en bonne compagnie, faire un parcours d'obstacles, prononcer un discours, de passer un test quelconque ou d'échapper à une horde de zombies. Quoi qu'il puisse arriver, tu n'es pas sujet au doute ni à la peur. Tu gardes le contrôle et tu as la capacité d'apprécier chaque émotion qui te traversent. Que ce soit la tristesse, la colère, la béatitude, l'euphorie, etc. Chacune d'elle t'apporte quelque chose de différent et te fait évoluer vers une version de toi-même plus expérimentée. Il ne s'agit pas d'être le/la plus doué(e) ou de devenir numéro un dans une discipline mais simplement d'apprendre à apprécier tout ce que l'on fait.

L'overkiffance c'est vivre pour soi, c'est s'affranchir du regard des autres. C'est faire passer son bien-être en priorité et laisser les autres être libres de kiffer à leur manière. C'est être maître de son bonheur et de sa bonne humeur et ne pas être dépendant des circonstances extérieures. C'est kiffer sa vie 24h/24 7 jours sur 7. À des degrés divers et variés. Sachant que quoiqu'il arrive, tout te guide vers un mieux. Rien n'est fini avant la fin, et tant qu'il y a de la vie, il y a de l'espoir.

2

Quels sont les avantages de vivre dans l'overkiffance ?

Pratiquer l'art de l'overkiffance au quotidien possède de multiples avantages tels que :

- T'offrir une meilleure santé et un système immunitaire renforcé

- Une meilleure gestion de tes émotions

- Un charisme naturel et attrayant

- Un bien-être stable et durable

- Un égoïsme sain et bénéfique

- Plus de facilité à communiquer et à désamorcer les situations conflictuelles éventuelles

- Une motivation incassable

- Une meilleure compréhension de toi-même

- Un sommeil toujours paisible et une conscience sereine

- Une réserve d'énergie positive intarissable

- Et bien d'autres encore

3

Comment vivre dans l'overkiffance ?

Tu veux kiffer ta vie ? Oui ? Et idéalement tu veux que ça soit facile et rapide ? OK, alors si tu veux vraiment voir un changement éclair, suis mes directives et avant que tu ne l'aies réalisé, tu vivras dans l'overkiffance sans même t'en rendre compte.

Comment je suis sûr que cela fonctionne ? Je le sais parce que tout ce que je te dis je l'ai essayé. Je développe l'art de l'overkiffance depuis plusieurs années maintenant. Et depuis que j'ai adopté ce mode de vie, je ne m'en porte que mieux. Chaque jour j'apprends à kiffer toujours plus.

Es-tu prêt à kiffer toi aussi ? Alors c'est parti.

Pour que ça marche, il y a une règle : Ne questionne rien. Fais ce que je dis et constate les bienfaits que ça t'apporte. Ça paraît stricte, mais tout comme on ne dit pas à un artiste comment travailler, ne remets pas en question ce que je vais te dire sous prétexte que c'est bizarre, simpliste ou stupide d'accord ? Je sais de quoi je parle. Soit, tu veux kiffer ta vie, soit, tu veux rester dans ta routine. Le choix te revient. Si tu veux arrêter ta lecture ici, libre à toi. Mais je te rassure, l'overkiffance n'implique pas de bouleverser toute ta vie en t'obligeant par exemple à méditer pendant X temps, manger des aliments spécifiques difficiles à trouver ou de te lever à 5h du matin. Non. C'est adaptable à tout type de vie. N'est-ce pas génial ?

Si jamais tu ne sens aucune différence après avoir fait un exercice ou appliqué ce qui est écrit, détends-toi, lâche prise et recommence. L'art de l'overkiffance c'est l'art de lâcher prise. Au moins tu mettras de résistance à essayer ce que je te partage, au plus vite la kiffance fera partie de toi.

4

Premier exercice : Lâcher prise

Le premier pas pour vivre dans l'overkiffance c'est d'abandonner l'attachement que nous avons à notre identité actuelle. C'est-à-dire lâcher les préjugés que nous avons sur nous-mêmes.

Comment faire ?

"Je ne suis pas mon mental" Prononce cette phrase et réalise que tu n'es pas ton mental. Prends un instant pour penser à ceci. Le simple fait que tu sois capable de prononcer cette phrase prouve que tu ne l'es pas. Tout ce que tu as construit avec ton mental, c'est de l'ego. Ça n'est pas qui tu es. Oublie ta personnalité et tout ce que tu crois savoir sur toi. Ce n'est qu'une image trompeuse. Tu n'es pas né(e) ainsi. Ce que tu es aujourd'hui est le résultat d'une suite de décisions basées sur ce que tu as vécu, les environnements dans lesquels tu as grandi, les personnes que tu as côtoyées et les événements que tu as traversés. Toutes les leçons et préjugés que tu as développés viennent de là. Là-dedans il y a du bon et du moins bon. Et c'est ce deuxième qui te freine.

Pour commencer à vraiment kiffer ta vie, fais abstraction de ton âge, de ton parcours de vie, de tes déceptions amoureuses, de tes soi-disant défauts, de tes blocages, tes traumas, ta timidité, etc. Laisse tout ça au placard. Tu ne seras jamais vraiment heureux/heureuse tant que tu y restes attaché(e).

Le seul intérêt d'un événement désagréable, c'est d'en tirer une bonne leçon.

L'overkiffance est accessible à tous. Peu importe ton âge, ton sexe, ton apparence, là où tu vis, rien de tout ça n'est important. Si tu veux kiffer ta vie, tu le peux. Point.

Mais alors pourquoi ne kiffes-tu pas ta vie et ne vis-tu pas déjà dans l'overkiffance ? Pourquoi même si tu sembles déjà avoir essayé d'être heureux/heureuse tu n'as pas réussi ? Je vais te dire ce qui coince.

Ce qui te bloque, et ce qui t'empêche de profiter, c'est un auto-jugement. Juste ça. À chaque fois qu'une situation se présente à toi, tu t'empêches de kiffer ta vie pour X ou Y raison. Style : "Je suis trop vieux/vieille pour faire ceci", "Je vais passer pour un/une idiot(e) si je fais ça", "Je suis trop gros/grosse pour lui plaire", "Je ne suis pas assez doué(e) pour écrire", etc.

Peu importe l'excuse, tout ça c'est bidon. Le problème ça n'est pas toi. C'est l'image que tu as de toi-même et l'importance démesurée que tu lui donnes. En essence tu es parfait(e) tel(le) que tu es. Tu es un être d'énergie. Tu as le potentiel de faire tout ce que tu peux imaginer. Il ne tient qu'à toi de laisser ta lumière s'exprimer. Si tu parviens à laisser tomber l'auto-jugement négatif, tu vas kiffer ta vie dès maintenant et pour toujours.

Alors comment faire ça ? Comment accéder à la kiffance alors que j'ai X complexes ? Et comment s'affranchir du regard des autres ?

La réponse est celle-ci. Pour accéder à la kiffance, isole-toi quelque part si possible. Dans ta chambre, un endroit calme ou peu importe. Trouve un lieu où tu es à l'aise puis respire, ferme les yeux et souris. Vas-y essaie. Respire profondément, fais le vide dans ton esprit et souris. Force-toi à sourire et prends le temps d'apprécier ce moment en ta compagnie. Le fait de sourire va changer ta biochimie.

Remarque comme quand rien ni personne n'est là tu te sens bien. Personne pour te juger, te rabaisser, aucun souci à l'horizon. Pas de devoir à rendre, pas d'amis, collègues, voisins ou petit copain/copine à qui rendre des comptes. Personne pour te dire que tu n'es pas assez bien, trop maladroit(e), trop petit(e), trop bête, trop moche, etc. Dans l'instant présent tout va toujours bien. Il n'y a aucun problème.

Demande à un oiseau ou à un chien/chat s'il y a un problème et il te regardera sans doute en se disant "Qu'est-ce qu'il/elle me raconte ?" Car en effet, là tout de suite, il n'y a pas de problème. C'est nous qui faisons de quelque chose un problème, alors qu'en réalité c'est juste une situation. Et aucune situation quelle qu'elle soit ne peut s'améliorer en s'apitoyant sur soi-même.

Donc, savoure ce moment avec toi-même et laisse-toi aller autant de temps que tu le souhaites. Savoure cette simple kiffance et commence à réaliser à quel point c'est facile de savourer l'instant présent. Même si là tout de suite tu es déprimé(e), vis des choses difficiles, viens de te faire quitter ou peu importe le drama auquel tu fais face, ce petit exercice t'offrira une bulle de bien-être que nulle ne pourra perturber. Autorise-toi à sourire et à te dire "Ce moment est le mien. Je suis maître de mon bonheur. Si je veux sourire, je souris. C'est mon droit. Quoiqu'il arrive, peu importe ce qu'il s'est passé et peu importe ce que le monde en pense, je souris parce que ça me fait du bien"

5

Comment faire fi du regard extérieur ?

Comme je le dis souvent, pour faire abstraction du regard que le monde porte sur nous il faut comprendre ceci :

Chacun vit dans sa réalité.

Et

Les mots n'ont que le pouvoir qu'on leur accorde.

C'est-à-dire que tu peux te trouver beau/belle et une personne trouver que tu es moche. Toi et cette personne avez raison. Pourquoi ? Parce que ce ne sont que des opinions. Beau, moche, gros, mince, intelligent, idiot, au-delà de la norme établie, ça n'est en rien une vérité, c'est totalement subjectif.

Ce qui plaît à quelqu'un ne plaît pas forcément à un autre. C'est automatique, chacun a ses goûts. Et heureusement d'ailleurs. Alors, sachant qu'on ne peut pas plaire à tout le monde, pourquoi se prendre la tête ou être triste si quelqu'un fait une critique sur ton physique, ton style vestimentaire, ton caractère, ta façon de chanter, de danser, de travailler, et toute autre remarque possible et imaginable ?

Il est vain de partir en croisade afin de prouver à l'autre notre point de vue. Chacun a le droit de croire ce qu'il veut. Ce n'est ni vrai ni faux. On ne parle pas d'un problème mathématique, ou d'une situation pratique où il n'existe qu'une solution possible. Non. Lorsqu'on parle d'art, d'esthétique ou tout ce qui a trait à la beauté, tout est subjectif. Chacun ses préférences. Même si certaines personnes plaisent à des millions de gens alors que d'autres ne plaisent qu'à très peu, il n'empêche que ça ne fait pas de ces personnes, une jolie et une moche. C'est juste une question de préférence.

Donc si tu comprends cela, tu t'affranchiras facilement du regard extérieur. Garde ces deux phrases en tête et vis pour toi. Si quelque chose te fait kiffer, fais-le.

La seule règle à respecter c'est : Respecte le libre arbitre des autres. À partir du moment où ce qui te fait plaisir ne nuit à personne, alors il n'y a pas de soucis tu peux foncer.

Commence dès maintenant à faire les choses comme tu en as envie. Porte ce que tu veux porter, coiffe-toi comme tu le souhaites, vis selon tes normes. Tant que tu n'enfreins aucune règle, vas-y à fond. Peu importe ce que l'on dit de toi. Sois un exemple de kiffance absolue.

6

Comment overkiffer sa vie si tu as le cœur brisé après une rupture ? Amoureuse et/ou amicale ?

Voici quelques outils pour remonter la pente rapidement et danser le twist en réalisant à quel point c'était idiot de te prendre autant la tête pour si peu.

Numéro 1

As-tu un surplus d'émotions à évacuer ?

Si tu es en colère ou si tu sens que tu vas craquer et as des larmes à verser, fais-le. Lâche tout. Libère tes émotions. Quelles qu'elles soient. Les refouler n'apportera rien de bon. Trouve un endroit calme et laisse-toi aller. Vide toutes les larmes de ton corps s'il le faut. Jusqu'à redevenir calme.

Si tu es énervé(e), défoule-toi. Si tu veux crier, crie. Si l'envie te prends de dire "Mais quel con !" ou "Mais pour qui elle se prend cette garce ?!" Peu importe ce qui te vient à l'esprit, profite d'être seul(e) et libère-toi de cette énergie. Frappe un punching-ball ou un oreiller, va courir, fais des pompes, peints, danse, chante, trouve un exutoire à ta rage jusqu'à ce que tu sois apaisé(e).

Numéro 2

As-tu des regrets ?

Si oui, écris-les. Prends note de ce que tu aurais voulu dire ou faire. Ça va libérer ton esprit.

Si c'est positif, la prochaine fois que tu en as l'occasion, dis ce que tu ressens à cette personne. Comme ça tu auras la conscience tranquille.

Si c'est négatif, débarrasse-toi du papier ou du fichier. Inutile de partager de la négativité. Ça ne fera qu'empirer les choses et tu ne te sentiras pas mieux. Le simple fait de l'avoir écrit soulage ton esprit et souvent tu te rends compte à quel point c'est idiot de penser toutes ces choses qui ne mèneront qu'à plus de souffrance. Pour toi et pour cette personne.

Numéro 3

As-tu des torts ?

Si oui, admets-les. Dès que tu réalises ton erreur, excuse-toi pour ton comportement, tires-en une leçon et fais en sorte de devenir une meilleure version de toi-même en ne reproduisant plus les mêmes erreurs à l'avenir.

Numéro 4

Le pardon

Si tu considères que cette personne t'a fait du tort ou que tu lui en as fait, dans les deux cas, si tu veux avancer et retrouver la paix de l'esprit afin de kiffer à nouveau ta vie, il faut pardonner. Il faut que tu te pardonnes de ce qu'il s'est passé. Et il faut que tu pardonnes l'autre de son comportement éventuel envers toi.

Si tu étais en tort, et que tu t'es maintenant excusé(e) comme expliqué précédemment, pardonne-toi et fais la paix avec le passé. Dis-toi que tu étais inconscient(e) et que désormais tu vas changer et ne feras plus les mêmes erreurs.

Si tu n'étais pas en tort mais en veux à l'autre personne, pardonne-lui son inconscience et raye cette personne de ta vie. Ne lui accorde plus tes pensées et ton énergie. Fais la paix avec ce qu'il s'est passé. Tire les bonnes leçons et va de l'avant. Peut-être qu'un jour elle changera, mais l'important c'est que toi tu te sentes bien.

Précision : Pardonner n'implique pas de parler à la personne. Contrairement aux excuses, le pardon est un processus personnel. Comme aller aux toilettes. Ça ne concerne que toi et c'est toi que ça soulage. C'est pour ton bien-être que tu le fais. Rester en colère est un poison inutile qui te tue à petit feux.

Numéro 5

L'alchimie

Si tu as donné tout ce que tu avais à donner et que ça n'a pas marché entre vous, n'ai aucune culpabilité. Ne sois pas déçu(e). C'est simplement que vous n'étiez pas compatibles. Ou si vous l'étiez pendant un temps, ce n'était pas fait pour durer. Vos objectifs de vie ne sont juste pas ou plus les mêmes. Que tu te sois voilé(e) la face dès le début en ignorant ses défauts ou que tout se soit passé à merveille et que tout se mette à décliner d'un coup, ce n'est pas important. C'est simplement une expérience qui t'aide à mieux te connaître toi-même. Elle peut durer quelques jours, quelques mois ou quelques années. Mais peu importe la durée, ce qui compte c'est d'être reconnaissant et d'en tirer des leçons. Grâce à cette personne tu as appris des choses sur toi que tu ignorais et maintenant tu sais un peu mieux ce que tu aimes et ce que tu n'aimes pas dans une relation. Ce qui te permet d'établir tes standards. Grâce à eux tu vas pouvoir faire le tri, te concentrer sur les aspects positifs que tu veux trouver chez quelqu'un et la prochaine relation que tu vas attirer sera meilleure. Peut-être que tu vas recroiser la route de cette même personne plus tard et que cette fois tout se passera bien car vous aurez tous les deux évolué entre temps, ou peut-être que tu ne la reverras jamais et que ton bonheur sera auprès de quelqu'un d'autre. L'essentiel c'est que tu sois heureux/heureuse et que cette personne trouve son bonheur également.

Petit conseil : Lorsque tu définis ce que tu recherches chez quelqu'un, concentre-toi sur ce que tu veux ressentir quand tu es auprès de lui/elle plutôt que sur les détails superficiels. Exemple : "Je veux rigoler, me sentir en sécurité, écouté, respecté, etc." Ensuite seulement tu peux préciser les détails comme "Idéalement je veux qu'il/elle soit grand(e), cultivé(e), gentil(le), sportif/sportive, etc." Ça t'évitera de te laisser berner par les apparences. Si tu ne te sens pas bien avec quelqu'un, inutile d'approfondir la relation. Et si tu veux savoir si la personne est sincère ou non dans ses intentions, fais-la simplement patienter. Si cette personne n'est pas capable d'attendre pour un autre rendez-vous, est instable, perd son sang-froid rapidement, réfléchit déjà à ce qu'elle va dire alors que tu es en train de parler, qu'elle ne prend pas de tes nouvelles, qu'elle ne prend jamais soin de demander comment tu vas ou si tu es à l'aise, à tendance à te forcer la main, etc. Ce sont tous des indicateurs que cette personne n'est là que pour une chose, qu'elle n'est pas fiable, qu'elle est superficielle et qu'elle ne t'apportera rien de bon à long terme.

7

Comment overkiffer sa vie en faisant son deuil ?

Comment se sentir bien alors que l'on vient de perdre un être cher ? Humain ou animal.

Voici les outils. Ils sont similaires à ceux pour une rupture. Après tout, la mort est une forme de rupture relationnelle.

Numéro 1

As-tu un surplus d'émotions à évacuer ?

Si tu es en colère ou si tu sens que tu vas craquer et as des larmes à verser, fais-le. Lâche tout. Libère tes émotions. Quelle qu'elles soient. Les refouler n'apportera rien de bon. Trouve un endroit calme et laisse-toi aller. Vide toutes les larmes de ton corps s'il le faut. Jusqu'à redevenir calme.

Si tu es énervé(e), défoule-toi. Si tu veux crier, crie. Si l'envie te prends de dire "Mais pourquoi est-ce arrivé ? !" ou "Mais pourquoi il/elle ne m'a pas écouté ?!" Peu importe ce qui te vient à l'esprit, profite d'être seul(e) et libère-toi de cette énergie. Frappe un punching-ball ou un oreiller, va courir, fais des pompes, peints, danse, chante, trouve un exutoire à ta rage jusqu'à que tu sois apaisé(e).

Numéro 2

As-tu des regrets ?

Si oui, écris-les. Prends note de ce que tu aurais voulu dire ou faire. Ça va libérer ton esprit.

Si c'est positif, lis ce que tu as écrit et parle à la personne/animal décédée/décédé comme si elle/il était près de toi ou qu'elle/il t'écoutait. Dis ce que tu ressens à cette/cet personne/animal. Comme ça tu auras la conscience tranquille.

Si c'est négatif, débarrasse-toi du papier ou du fichier. Le simple fait de l'avoir écrit soulage ton esprit et souvent tu te rends compte à quel point c'est idiot de penser toutes ces choses qui ne mèneront qu'à plus de souffrance. Pour toi et pour cette personne qui est maintenant ailleurs et qui ne souhaiterait en rien que tu te fasses souffrir de la sorte.

Numéro 3

As-tu des torts ?

Si oui, admets-les. Excuse-toi pour ton comportement même si la personne/animal n'est pas présente physiquement. Tires-en une leçon et fais en sorte de devenir une meilleure version de toi-même en ne reproduisant plus les mêmes erreurs à l'avenir.

Numéro 4

Le pardon

Si tu considères que cette personne t'a fait du tort ou que tu lui en as fait, dans les deux cas, si tu veux avancer et retrouver la paix de l'esprit afin de kiffer à nouveau ta vie, il faut pardonner. Il faut que tu te pardonnes de ce qu'il s'est passé. Et il faut que tu pardonnes l'autre de son comportement éventuel envers toi.

Si tu étais en tort, et que tu t'es maintenant excusé(e) comme expliqué précédemment, pardonne-toi et fais la paix avec le passé. Dis-toi que tu étais inconscient(e) et que désormais tu vas changer et ne feras plus les mêmes erreurs.

Si tu n'étais pas en tort mais en veux à l'autre personne, pardonne-lui son inconscience. Ne lui accorde plus tes pensées et ton énergie. Fais la paix avec ce qu'il s'est passé. Tire les bonnes leçons et va de l'avant. Libère-toi de ce poids.

Numéro 5

La gratitude

C'est le meilleur moyen de surmonter le sentiment de perte et de faire son deuil. Repense à tous les bons moments que tu as passé avec cette personne ou cet animal et sois reconnaissant pour tout ce qu'elle/il t'a apporté. Focalise-toi uniquement sur le positif et sache qu'elle/il sera toujours dans ton cœur et ton esprit. Là où elle/il est maintenant elle/il est en paix et elle/il souhaite seulement ton bonheur. Alors en son honneur tu te dois de kiffer ta vie d'autant plus. Chaque fois que tu repenses à elle/lui visualise ces bons moments et le sentiment d'absence sera remplacé par un sentiment d'amour.

8

Comment overkiffer ses relations ?

Si tu veux vraiment kiffer les moments que tu as avec ta famille, tes amis, ton/ta copain/copine, ton/ta partenaire, ton épouse/époux, tes collègues, voisins, connaissances, ton/ta crush, ton boulanger, un inconnu, peu importe quel type de relation, qu'elle soit occasionnelle, fréquente, intime, amicale, amoureuse, ou autre, voici les prérequis.

Numéro 1

Sois de bonne compagnie.

La première chose à retenir et la plus importante c'est : Être de bonne compagnie. C'est-à-dire, ne fais rien à l'autre que tu n'aimerais pas qu'on te fasse. Tu veux être libre et tu veux être respecté(e) ? Alors laisse l'autre libre et respecte le/la également. Tu veux de l'espace et du temps pour toi ? Alors laisse l'autre respirer et vivre solo, et ainsi de suite. C'est extrêmement simple sur le papier, pourtant beaucoup de gens ont du mal à appliquer ce principe. C'est ce qui fait que tant de relations sont fausses, foireuses, malsaines, malaisantes, lourdes ou de courte durée.

Voici quelques outils pour t'aider à mieux comprendre les relations, savoir pourquoi certaines sont ou deviennent toxiques avec le temps, comment apaiser les tensions et éviter les disputes avant qu'elles ne commencent ou s'enveniment, comment mettre fin à une relation nocive qui ne t'apporte plus rien de bénéfique et comment améliorer les rapports que tu as avec n'importe qui en général. Ainsi tu seras de bonne compagnie et les gens apprécieront ta présence.

Premier outil : Les deux schémas relationnels

Voici deux schémas pour comprendre comment fonctionnent les relations et pourquoi elles se passent bien ou non.

Le premier dessin illustre comment se passent la plupart des relations. Tu as une conception de ta relation avec telle personne et elle a sa propre conception de la relation qu'elle entretien avec toi.

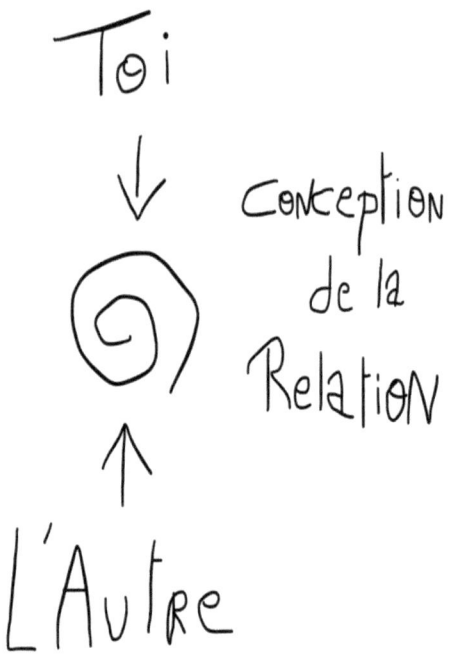

Du coup,

Option 1 : Vous avez la même vision des choses et tout se passe bien.

Ou

Option 2 (Et ça c'est la majorité des cas) : Vous n'avez pas la même vision des choses et donc ça crée des tensions, des suspicions, des peurs, des doutes, des crises de jalousie, des disputes, des combats, etc. Jusqu'à la rupture et/ou fin de la relation.

Premier exemple : Michael sort avec Jenna. Mais dernièrement il se fait rare. Du côté de Michael, tout va bien entre lui et elle, mais du côté de Jenna elle se demande pourquoi Michael est distant et s'il ne lui cache pas des choses. Voit-il quelqu'un en secret ? Est-ce qu'elle ne lui plaît plus autant qu'avant, etc. Son cerveau se fait plein de films négatifs.

En réalité, si Michael est souvent absent, c'est parce qu'il prépare une fête surprise pour Jenna. Donc dans sa tête il sourit et a hâte de voir la réaction qu'elle va faire en découvrant cela. Mais du côté de Jenna, c'est une tout autre histoire, elle imagine une rupture éventuelle.

Voici un exemple de comment deux visions différentes de la relation peuvent créer des soucis.

Autre exemple courant :

Marie s'est toujours vue avoir des enfants avec Paul depuis leur rencontre. Paul lui, n'a jamais envisagé ça. Mais ils n'en ont jamais parlé réellement. Ces deux visions opposées sont très souvent cause de rupture.

Exemple suivant :

Marc veut habiter telle ville alors que son ami Willis s'est toujours vu rester là où il vit actuellement. Là encore, ces deux visions différentes des choses sont susceptibles de provoquer une séparation.

Autre exemple :

Theresa voit Xavier comme un ami mais elle ne le freine pas clairement. Lui, veut plus que de l'amitié et ne recevant pas de signaux négatifs de la part de Theresa, il pense avoir ses chances. Là encore, deux visions différentes de la relation et une mauvaise communication créent une souffrance inutile.

Il existe un million d'exemples différents de divergences d'opinions et très souvent cela est dû à un manque de communication et un manque d'honnêteté. Chacun vit dans sa tête et croit que le scénario qui s'y déroule va se produire alors que l'autre personne n'est même pas au courant de ce que l'on souhaite. D'où toxicité, mauvaise compréhension, malaise, stress, violence, ennui, préjugé et autre négativité.

Alors, comment éviter ça ? Comment avoir des relations saines et épanouies avec tout un chacun et kiffer sa vie paisiblement sans nuire involontairement à qui que ce soit ?

Il suffit d'appliquer le deuxième schéma relationnel.

Toi

Interaction

L'Autre

Le deuxième dessin représente une interaction directe avec la personne. Au lieu de se faire des films dans sa tête, on se base uniquement sur l'instant présent et on profite pleinement de l'échange que l'on a avec l'autre personne. C'est-à-dire que lorsqu'on est avec la personne, on est totalement là. On l'écoute sincèrement, on interagit avec elle, on rigole, on s'amuse, on la contemple, on la réconforte, on lui fait un câlin, on lui offre un cadeau, on l'invite quelque part, on échange des anecdotes, on apprend à se connaître, on fait du vélo, du parachutisme, on lui achète quelque chose, on regarde un film, on mange ensemble, etc. Les scénarios sont infinis. Mais dès que l'interaction est terminée, il n'y a pas de pensées pour le passé ou pour le futur. On ne se fait pas de films en se disant qu'a-t-il/elle penser de moi ? Est-ce qu'on va se revoir ? À qui va-t-il/elle parler maintenant ? Que fait-il/elle quand je ne suis pas là ? Blablabla. Non. On est reconnaissant pour cette expérience et puis on retourne kiffer notre vie.

Voilà le secret pour des relations saines. Être présent et non pas dans sa tête à tout analyser. Peu importe la relation, agir ainsi change la donne. Commence dès maintenant à lâcher prise, laisse-toi vivre et prends les choses avec légèreté. Tu ne t'en porteras que mieux.

Maintenant, pour vivre dans le présent, être plus confiant(e) et t'amuser lors de tes interactions avec les autres voici un deuxième outil.

Deuxième outil :

L'approche kamikaze.

Qu'est-ce que ça signifie ? Ça veut dire : Sois toi-même.

Autorise-toi à laisser parler ton enfant intérieur. Amuse-toi. Inutile de faire des faux-semblants et de porter un masque. Le naturel revient toujours au galop et la vérité finit toujours par se savoir. Peu importe ton âge, ton caractère, ton humour, ton style vestimentaire, vas-y à fond.

Tu peux respecter les règles et être poli(e) tout en arborant ta personnalité déjantée. Tout est question de dosage. Inutile d'avoir un balai dans le derrière pour faire bonne figure. Si tu veux vraiment kiffer ta vie et tes relations, tu te dois d'être toi-même. Sinon tu vas côtoyer des personnes superficielles qui ne t'apprécient pas vraiment et qui sont là juste pour ton masque, tes talents, ton argent, tes relations, etc.

Que ce soit pour aborder ton crush, aller à ton premier date, rencontrer des amis, aller travailler, etc. Peu importe la situation, montre ton pire côté. J'entends par là, vas-y vraiment cool et naturel. Sans filtres. Comme si tu parlais avec ton/ta meilleur/meilleure pote qui te connaît depuis toujours. Ainsi, si ça passe, tu es tranquille. Tu sais que ces gens t'apprécient tel que tu es. Et lorsque tu seras sur ton 31 tu ne pourras que les éblouir. Tu n'auras plus à te demander ce qu'il se passerait si tu osais te comporter comme tu le fais en général dans la vie de tous les jours.

Troisième outil :

La balance de la kiffance.

Voici une technique simple pour savoir si une relation t'es bénéfique ou si elle t'empoisonne sans le savoir.

Comment te sens-tu quand tu es en présence de cette personne ou quand tu échanges des messages avec elle ?

Est-ce que tu te sens bien ? Est-ce que tu es aux anges ? Est-ce que tu te sens en sécurité ? Est-ce que tu as l'impression que tu peux tout accomplir ? Est-ce que tu te sens invincible ? Est-ce que ta confiance en toi crève le plafond ? Est-ce que tu pisses de rire tellement il/elle te fait rire ? Est-ce que tu te sens apaisé(e) ? Est-ce que tu te sens écouté(e) ? Respecté(e) ? Compris(e) ? Excité(e) ? Est-ce que tu serais prêt(e) à donner ta vie pour cette personne ? À traverser vents et marées ? À faire face aux critiques du monde entier juste pour être à ses côtés ?

Si tu as répondu positivement à plusieurs de ces questions, c'est que pour l'instant c'est une relation bénéfique pour toi. Il est bon de faire en sorte de garder cette personne dans ta vie. Dis-lui merci et fais-lui savoir combien tu apprécies tout ce qu'elle t'apporte au quotidien.

Voici maintenant l'autre côté de la balance.

Comment te sens-tu quand tu es en présence de cette personne ou quand tu échanges des messages avec elle ?

Est-ce que tu te sens mal ? Est-ce que tu es déprimé(e) ? Est-ce que tu te sens en danger ? Est-ce que tu as l'impression que tu ne peux rien faire ? Est-ce que tu te sens impuissant(e) ? Est-ce que ta confiance en toi est en négatif ? Est-ce que tu t'ennuies ? Est-ce que tu te sens stressé(e) ? Est-ce que tu te sens ignoré(e) ? Maltraité(e) ? Incompris(e) ? Refroidi(e) ? Est-ce que tu serais prêt(e) à tout pour fuir cette personne ?

Si tu as répondu par l'affirmative à l'une de ces questions c'est que tu as affaire à une relation qui ne t'es pas/plus bénéfique. Il est donc urgent de t'en défaire si tu veux kiffer ton quotidien.

Pour se faire, le mieux est d'être rapide, courtois et direct. Sois honnête.

Si tu ne connais pas beaucoup voire pas du tout la personne et qu'il/elle te complimente, t'invite à manger, à aller en date, à aller quelque part, ou autre, dis quelque chose comme :

"Merci, c'est flatteur mais je ne suis pas intéressé(e)" Ou "J'ai déjà d'autres projets, mais merci pour l'invitation"

Si vous avez déjà du vécu ensemble, dis quelque chose comme : "X la relation que nous entretenons ne me convient plus. Mes envies sont différentes des tiennes. Je pense qu'il serait mieux que nos chemins se séparent. Je dois penser à mes objectifs. Continuer de parler avec toi ce serait me mentir à moi-même. Tu mérites d'être heureux/heureuse. On a vécu de bons moments ensemble, mais désormais je sais qu'on sera mieux séparés. Je te souhaite une bonne continuation. Merci pour tout. Prends soin de toi. Au revoir"

9

Comment overkiffer ses études et/ou une discipline quelconque ?

Si tu es étudiant(e), te mets souvent la pression dans une discipline ou si tu veux apprendre quelque chose de nouveau, voici quelques conseils pour overkiffer et être plus efficace dans ce que tu fais.

Si tu dois étudier/pratiquer et que tu as du mal à te concentrer, essaie ça :

Ferme les yeux, respire profondément et expire par la bouche doucement plusieurs fois. Une fois que tu es devenu(e) plus calme et que ton mental s'est calmé, définis ton objectif. Genre : J'étudie/je pratique une heure, pas plus. Choisis la durée de ton temps d'étude/pratique. Ça t'évitera de te dissiper. Idéalement, ne le fais pas le ventre vide. Sois rassasié(e) avant de commencer, tu seras moins grognon, auras plus d'énergie et ton cerveau retiendra un maximum d'informations.

Ensuite, tu peux mettre une musique calme en fond ça aide à se concentrer. Style lo fi study, musique baroque, jazz ou autre, choisis ce qui calme ton esprit. Idéalement des musiques instrumentales sans paroles. Si tu n'en connais pas, il y a du choix sur YouTube, Spotify, etc. Trouve ce qui marche pour toi. Si tu pratiques un instrument, une chanson, une danse ou quelque chose de dynamique, évidemment la musique de fond n'est pas nécessaire ça ne ferait que te distraire.

Une astuce pour retenir les informations plus facilement : Rends ça fun !

Lorsque tu rigoles, tu retiens les événements plus facilement. Associer une émotion à ce que tu étudies est un moyen sûr de t'en rappeler sur le long terme. Si tu as un/une partenaire d'étude c'est encore mieux. Faites des blagues, parodiez un texte ou un dialogue, questionnez-vous en jouant, mimez, faites tout ce qui vous vient à l'esprit pour quitter le sérieux et l'ennui. Peu importe la discipline que tu pratiques, si tu t'éclates tes performances seront meilleures si tu t'amuses que si tu te mets la pression.

Enfin, après avoir étudié/pratiqué, il ne te reste qu'une chose à faire. Donne ton max et fais la paix avec le résultat. Que ce soit la réussite ou l'échec, ce qui compte c'est de faire ce que tu peux et de rester zen. Ça doit rester amusant. Enlève les enjeux, et le stress va disparaître de lui-même. Ta vie ne se joue pas sur cet examen, cette interrogation, cet oral, ce test, cette audition, cette compétition ou peu importe ce que tu entreprends. Même si ça en donne l'impression à ce moment-là.

Retiens ceci : Contrairement aux idées reçues, la vie est longue et il y a autant d'opportunités que tu le souhaites. Si quelqu'un ferme une porte, c'est qu'une autre vient de s'ouvrir ailleurs.

10

Comment overkiffer avec une santé fragile ?

Si tu es atteint d'une maladie quelconque, rare, temporaire, bégnine ou dégénérative, si tu as des allergies ou symptômes chroniques, si tu as souvent des migraines, rhumes, baisses d'énergie, un membre en moins ou quoi que ce soit qui affecte ta santé, sache que ça ne doit pas t'empêcher d'overkiffer ta vie. Au contraire cela devrait te servir de motivation et te faire être reconnaissant d'autant plus de tout ce que tu as la chance d'avoir ou de pouvoir faire quand tout va bien.

La première chose à faire si tu es dans ce cas, c'est de laisser la porte ouverte à la guérison. Ne te définis JAMAIS par ta maladie ou ta condition. Jamais. C'est quelque chose que tu as temporairement MAIS ça n'est pas qui tu es. Retiens bien ça.

Je suis un exemple vivant de guérison car pendant des années j'ai eu plusieurs soucis de santé tel que des problèmes respiratoires, des réactions cutanées, des allergies aux acariens, aux chats, à la poussière, et d'autres choses non déterminées. Trois quarts de l'année j'avais les yeux qui pleuraient et le nez qui coulait ce qui a handicapé grandement ma scolarité. Mais ça ne m'a pas empêché de réussir. Je devais rester allongé à l'ombre et éviter le soleil. J'avais souvent des rhumes, grippes, pharyngites et autre maladies saisonnières. Mais petit à petit, grâce à la découverte de plusieurs livres, ma façon de voir les choses a changé, mon état s'est amélioré et plus tard lorsque j'ai vraiment commencé à vivre dans l'overkiffance et ai suivi mon inspiration, j'ai guéri rapidement et ai cessé de prendre des médicaments. J'étais enfin libre de respirer librement et de vivre sans allergies et autres maladies passagères. Je ne suis pas encore totalement guéri, mais je me suis débarrassé de 90% de ce qui m'accablait. Et ça, ça change la vie. Mais s'il m'arrive de dévier légèrement et de quitter la philosophie de l'overkiffance temporairement, ma santé s'en ressent directement et je peux à nouveau attraper un rhume, etc. et retrouver des symptômes allergiques. Donc ça n'est pas acquis. C'est une philosophie à pratiquer au quotidien.

Si je suis parvenu à aller mieux, nul doute que tu le peux aussi. Peu importe ce que les médecins t'ont dit, te disent ou te diront, moi je crois en ta guérison. Sache que tu as en toi le pouvoir de te guérir. Il faut juste que tu y croies et que tu te donnes le temps pour voir le changement opérer.

Il ne s'agit pas d'être un super-héros ou une super-héroïne, mais simplement de se sentir bien mieux dans sa peau et d'avoir une meilleure santé qu'avant.

Il existe des milliers et des milliers d'exemples de guérisons miraculeuses que la science ne sait pas s'expliquer. Ce n'est pas le nombre de témoignages qui manque. On ne peut plus douter du pouvoir de l'esprit sur la matière. Beaucoup de personnes avaient été déclarées condamnées mais elles en ont décidé autrement et ont vécu bien au-delà de ce que les pronostics prévoyaient. Effet placebo, pouvoir de la pensée positive, appelle ça comme tu veux. Le fait est que quand on croit en sa guérison, on ordonne aux cellules de notre corps de se régénérer, se multiplier, et faire tout ce qu'il faut afin que notre santé s'améliore. Il ne s'agit pas de ne pas écouter la médecine ou d'arrêter son traitement du jour au lendemain. Non. Ce n'est pas ce que je conseille ici. S'il y a un traitement à suivre ou des médicaments à prendre, il faut le faire. Mais simplement il ne faut rien prendre comme définitif et irrémédiable. Peu importe le traitement recommandé, si le patient n'y met pas du sien c'est voué à l'échec. Au final, tout dépend de ta volonté de survivre.

Donc, peu importe ton état actuel, si tu veux kiffer, voici mon conseil :

Repense à un moment de ta vie où tu t'es vraiment senti bien, en forme, zen, en paix, euphorique, comblé(e), heureux/heureuse, au top, extatique, plein d'énergie, relax, … Reste sur ce souvenir et profite de ce film mental. Souris et savoure la sensation d'être en santé. Maintenant que tu te souviens que tu n'as pas toujours eu la condition que tu as actuellement, décide que tu vas retrouver la santé que tu avais à ce moment-là et même mieux encore. Tu n'avais pas fait d'effort particulier à ce moment-là pour être en forme n'est-ce pas ? Tu te sentais juste bien. Eh bien alors pourquoi devrais-tu faire des efforts colossaux pour aller mieux ? Fais confiance à ton corps dès maintenant et sache que chaque jour qui passe tu vas aller mieux. Laisse ton inconscient se charger du renforcement de ton système immunitaire, le réagencement cellulaire, la régularisation de ta température, la purification de ton sang, etc. Dis-toi que tout va s'arranger. Continue de faire ce que tu as à faire mais avec une mentalité de "Je sais que bientôt je n'aurai plus besoin d'aucun traitement".

Chaque jour répète ce rituel.

Visualise ce moment où tu es bien, réalise qu'il n'y a pas d'effort à faire pour être en forme et laisse la santé revenir à toi naturellement. Tu devrais constater des changements rapidement.

Mais bien sûr, au-delà de cet exercice, le plus important pour avoir une bonne santé c'est éviter les ascenseurs émotionnels. Au mieux tu comprends comment kiffer ta vie dans tous les domaines, au moins tu as de chances de subir des hauts et des bas. Qui dit esprit stable dit santé stable.

Donc tous les chapitres de ce livre t'aident à avoir une meilleure santé. Car, au plus tu nourris des émotions positives au mieux tu te sens.

Si tu veux changer de silhouette, sache que cette mentalité et cet exercice sont aussi applicables à cette situation. Que ce soit pour gagner de la musculature ou pour maigrir, tout est question de mental. La nourriture que tu manges doit être saine mais sache que tu peux manger tout ce qui te fait envie. C'est simplement de l'énergie. Si tu la dépenses, il n'en reste rien. Ton état émotionnel est plus important que la quantité que tu ingères. Pour faire simple, c'est toi qui ordonnes à ton corps comment il doit se comporter avec les aliments qu'il reçoit. Soit, tu lui dis que tu vas grossir, donc tu lui donnes l'ordre d'accumuler de la graisse, soit, tu lui dis que ta silhouette restera la même et là, tu lui donnes l'ordre de brûler toute l'énergie qu'il va recevoir et de ne stocker que le nécessaire.

Tu ne t'en rends pas compte mais c'est ce que tu fais. Tu te conditionnes inconsciemment via la relation que tu entretiens avec la nourriture. Tu penses que si tu manges ce chocolat tu vas prendre 2kg ? Bim ! C'est ce qu'il se passe. Ordre reçu. Tu dis "Je peux manger ce que je veux, je reste toujours mince" Bim ! Ordre reçu.

Tu ne crois pas que ça soit aussi simple ? D'accord, c'est ton droit. Cependant, voici quelque chose qui pourrait te faire changer d'avis. Mon exemple personnel. Je sais que ce que je dis est vrai, car j'ai toujours été mince depuis tout petit simplement parce je l'ai choisi. La génétique n'a rien avoir là-dedans. Mon poids n'a jamais changé depuis des années car je me suis toujours dit que quoi qu'il arrive je resterai mince. Je peux manger énormément ou très peu de nourriture, cela ne change rien. Ma silhouette reste la même. Si tu le souhaites, tu peux en faire autant. Choisi ton image idéale et reste dessus. Peu importe ce qu'on te dit, fais-toi confiance. Tu es ton/ta meilleur(e) nutritionniste. Constate par toi-même ce qui te fait du bien et ce qui te détraque les boyaux. Une fois que tu as fait le tri, mange ce qui te plaît et sache qu'aucune nourriture n'a le pouvoir de te faire grossir si tu ne le souhaites pas.

11

Comment overkiffer si tu es fauché(e) ?

Le manque d'argent est l'une des plus grandes sources de stress, de rupture et de conflits qui soit.

Pourtant, il est tout à fait possible d'overkiffer sa vie en étant sans le sou. En fait, on constate même qu'il existe plus de gens pauvres heureux que de riches heureux. Pourquoi ? Parce que le bonheur et l'overkiffance sont un état d'esprit qui ne s'achète pas. C'est un état naturel de lâcher prise. Au moins tu as de possessions, au plus tu apprends à faire avec peu. Tu te contentes de choses simples. L'argent a tendance à t'aveugler et à t'envoyer dans un cycle de "Je veux toujours plus" et "Ce que je possède n'est jamais assez bien". Du coup, tu ne profites même pas de ce que tu as acheté que tu veux déjà autre chose.

D'où l'hyperconsommation, les commandes en masse et tant de gaspillage.

Certes, il est bien plus agréable d'être dans le confort. Et on overkiffe mieux dans l'abondance. Cependant, l'argent ne garantit pas le bonheur. C'est une monnaie d'échange, pas une fin en soi.

Donc, comment kiffer avec ou sans argent ?

Il existe un tas de choses que tu peux faire gratuitement. Il suffit de te renseigner. Tout dépend de là où tu vis. Mais se promener, discuter avec quelqu'un, rigoler, observer le ciel, bronzer, nager dans l'océan, marcher en forêt, dans un parc, sur la plage, etc. Beaucoup de choses sont gratuites et d'autres ne coûtent pas grand-chose. Si tu es créatif, un bloc de dessin et un crayon te suffisent. Un bloc note pour écrire, une guitare bon marché pour jouer, un appareil ou téléphone d'occasion pour faire des photos, sers-toi de ton imagination avant tout. Si tu as internet, plein de réseaux sociaux et jeux en ligne sont gratuits. Inutile de voyager partout dans le monde pour kiffer sa vie. La plupart des plus grands artistes ou inventeurs étaient hyper casaniers, d'où leur succès. Et les choses les plus essentielles de la vie n'ont pas de prix. Un sourire, le respect, la confiance, l'amour, la paix, le bien-être, …

Si tu as des dettes, il est d'autant plus dans ton intérêt de te détendre dès maintenant et de commencer à kiffer ta vie car t'inquiéter ne t'apportera rien de bon. Personne n'a jamais trouvé de solution en s'inquiétant. En fait, c'est même sûr de t'apporter encore plus de dettes. Si tu finis à l'hôpital à cause d'une chute stupide ou d'un ulcère dû au stress, ça ne fera qu'empirer ta situation financière. Donc, relaxe. Fais ce que tu peux, là où tu es, avec ce que tu possèdes. Commence à te dire dès maintenant "Je ne sais pas comment, mais je sais que tout va s'arranger". Répète ça souvent à chaque fois que tu te sens mal. Imagine que quelqu'un a tout réglé pour toi et sois reconnaissant d'être libéré de ce poids. Ce processus simple pourrait bien changer ta vie de façon surprenante. Donne-toi le temps, garde l'esprit ouvert et si l'inspiration te vient de faire quelque chose, suis ton instinct.

12

Comment overkiffer quand tu évolues dans un environnement familial toxique et/ou si des gens t'embêtent au quotidien ?

Si tes parents, beaux-parents, frères, sœurs, cousins, cousines, oncles, tantes, beaux-frères, belles-sœurs, etc. Ou des gens de l'extérieur, collègues, camarades de classe, etc. Te mènent la vie dure, ne te respectent pas, te force à faire des choses que tu n'as pas envie, se moquent de toi, te rabaissent sans arrêt, t'empêchent de faire ce que tu veux, … Il peut être très compliqué d'être heureux/heureuse. Alors comment retourner la vapeur dans ces cas-là et overkiffer ta vie ?

La réponse : Par le lâcher prise, la patience et l'intelligence relationnelle.

La première chose à faire, c'est de réaliser qu'ils ne changeront sans doute jamais et que ce qu'ils attendent la plupart du temps, c'est une réaction de ta part. Donc, sachant cela, la meilleure réponse c'est l'indifférence. Ça ne sert à rien de parler avec eux plus que nécessaire. Inutile de te plaindre ou d'essayer de leur faire entendre raison. C'est une perte de temps. Ils sont inconscients et ne réalisent pas le mal qu'ils te font à toi et à eux-mêmes. Ils pensent s'amuser en faisant cela, se soulager de la pression qu'ils subissent, faire preuve d'autorité, … Mais en réalité, ils sont très loin de kiffer leur vie. Donc, reste indifférent à leur comportement.

Pour te libérer de leur emprise, il te suffit de pardonner leur folie. Oui tu as bien lu. Ça paraît paradoxale de pardonner quelqu'un que tu détestes, qui t'effraie, ou que tu as envie de frapper, mais pourtant c'est la clé de la libération. Il ne s'agit pas d'accepter leur comportement et de se laisser piétiner sans réagir, mais de faire la paix avec le fait que tu ne puisses pas les contrôler ni les changer. La seule chose que tu puisses contrôler, c'est ton état d'esprit et ta façon de répondre aux événements. Et, ça tombe bien, car c'est la seule chose dont tu aies besoin pour reprendre le contrôle de ta vie et retrouver la positivité.

Une fois que tu as pardonné leur inconscience et compris que chacun vit dans sa réalité, tu romps de ce fait le lien et l'influence qu'ils pouvaient avoir sur toi.

La deuxième étape pour reprendre le contrôle de ta bonne humeur, c'est la patience. Selon les circonstances, tu vas devoir côtoyer ces personnes plus ou moins longtemps. Jusqu'à atteindre ta majorité, changer de famille, être adopté, t'émanciper, changer d'école, de travail, déménager, etc. Chaque situation est différente, mais ce qui est sûr, c'est que temporairement, tu vas devoir les supporter et leur faire face. Donc, sois patient(e). Sache que cette situation n'est pas définitive et que pour en sortir, il faut imaginer en être déjà sorti. Visualise ton scénario idéal et ressens le plus souvent possible l'effet que ça fait de vivre en paix loin de ces personnes. Vibrer ces émotions fréquemment attirera à toi les personnes, événements et circonstances qui t'aideront à réaliser ton rêve.

Enfin, la troisième étape, c'est pratiquer l'intelligence relationnelle. À savoir, l'art de communiquer avec ses détracteurs afin d'éviter t'attiser leur colère, leurs reproches, leurs moqueries, etc.

Comment faire cela ? C'est très simple. Il suffit de les caresser dans le sens du poil. Il ne s'agit pas de jouer les faux-culs et d'être d'accord avec eux tout le temps. Non. Ce que ça veut dire, c'est ne pas aller à contresens, ni les provoquer inutilement.

Exemple : Si on te critique directement style "Alors, le coiffeur t'a encore raté ? ", "Tu as le don de choisir des vêtements qui ne te mettent pas en valeur", "Tu es ridicule", "Tu ne réussiras jamais rien dans la vie", "Tu n'es qu'un/une bonne à rien", "Sans moi, tu n'es rien", etc.

Pour tout ce qui est critique directe, souris poliment et ne dis rien. S'il/elle force, réponds : "Libre à toi de croire ce que tu veux". S'il/elle insiste en disant quelque chose comme "Tu te crois plus intelligent(e) que moi ?! " reste zen et réponds : "Je n'ai rien à prouver, et tu sais tout mieux que moi, alors à toi de me le dire" ça devrait le/la radoucir.

Les techniques sont nombreuses mais l'important c'est de ne pas être arrogant(e). Il faut être détaché(e) et le/la plus indifférent(e) possible. Au moins tu les vois, au mieux tu te portes.

Si on te demande de faire quelque chose de simple comme faire la vaisselle, sortir les poubelles, changer les draps, etc. Prends sur toi, reste zen et fais-le sans rechigner. Même si ça te semble injuste et que c'est toujours à toi de le faire, dis-toi que c'est un bon entraînement pour ta vie en solitaire. Au final, ils te rendent service.

S'ils te forcent à regarder des émissions qui ne t'intéressent pas, à manger des plats qui ne te plaisent pas ou autre, tu peux jouer la carte de la politesse et dire "Merci mais vous vous amuserez mieux sans moi, je vais aller étudier". Pour la nourriture, mange le minimum et laisse-leur le reste. Au lieu de te plaindre, inverse la situation et flatte-les en disant "Si vous en voulez encore moi j'ai fini mon assiette". Là encore, les situations sont nombreuses, mais ce qui compte, c'est ton attitude envers eux. Sois mâture et montre l'exemple.

Si une situation est malaisante et empiète clairement sur ton bien-être, tu te dois de dire non. Reste ferme, peu importe les conséquences.

Si on en vient aux mains, l'auto-défense est autorisée. Tu n'as pas à accepter quelconque mauvais traitement.

Évidemment, si la situation le demande, il ne faut pas hésiter à faire appel aux services compétents. Mes conseils ici traitent de comment garder le moral et gérer ses émotions en dépit de ce qu'il se passe. Ce n'est pas une solution miracle garantie, mais ça t'aidera à traverser ce genre de situations.

13

Comment overkiffer si tu es seul(e) ?

La solitude est pour beaucoup, source de peur, d'ennui, de manque de motivation, de dépression, etc. Peut-être fais-tu partie de ces catégories et a tendance à te lancer tête baissée dans n'importe quelle relation, amicale ou amoureuse par peur d'être seul(e).

Pourtant, la meilleure situation pour overkiffer ta vie c'est quand tu es seul(e). Pourquoi ? Parce que lorsque tu es en solo, tu es libre de penser et de faire tout ce que tu veux. Personne n'est là pour te juger ou te critiquer. Tu écoutes les musiques que tu veux, tu regardes les films, dessins animés, séries que tu souhaites, tu manges ce qui te fait envie, tu cuisines ce que tu veux, tu dors à l'heure que tu souhaites, tu te réveilles de même, tu communiques avec qui tu veux, tu vas où bon te semble, etc. Tu fais ce que tu veux, où tu veux, quand tu le veux, avec qui tu le veux.

Être seul(e) est un cadeau, pas un fardeau. Alors profites-en. Beaucoup aimeraient être à ta place et avoir de l'indépendance. La seule chose dont tu aies besoin pour en profiter, c'est de réaliser la chance que tu as, et ensuite profiter de ce temps pour découvrir ce qui te plaît et apprécier ta propre compagnie. Prends soin de toi. Sois ton/ta meilleur/meilleure ami/amie. Dialogue avec toi-même. Pose-toi des questions, teste des choses, rigole, fais des expériences, prends-toi des râteaux, tires-en des leçons, fais des séances de relaxation, fais du sport, fais du shopping, fais des selfies, entraîne ton éloquence, va te balader, aie des interactions avec des gens, prends le temps d'apprécier chaque expérience en solo, observe le monde, le comportement des autres, fais des essais erreurs, apprends, sois la propre source de ton bonheur et kiffe ta vie.

Quoiqu'on puisse te dire, peu importe qui se moque de toi et te pointe du doigt, suis ton inspiration et fais ce qui te rend heureux/heureuse. À partir du moment où ce tu veux ne nuit à personne il n'y a aucun souci. Vis ta vie à fond et n'ai aucun regret.

14

Comment overkiffer si tu es en groupe ?

Selon ton caractère, tu es soit un/une leader soit un/une suiveur/suiveuse. Si tu as l'habitude d'être chef, il te faut trouver des gens qui t'apprécient et respectent ton leadership. Sinon tu vas entrer en conflit avec un/une autre alpha ou tu vas t'ennuyer très vite car suivre des ordres qui vont à l'encontre de tes idées n'est pas une option. Donc, ne reste pas avec des gens qui ne croient pas en toi ou pense que tu vois trop grand. Entoure-toi de personnes positives qui te soutiennent quoi qu'il arrive. Si tu n'en connais aucune, persévère. En temps voulu, elles viendront à toi. Mieux vaut être seul(e) et overkiffer sa vie qu'être mal accompagné(e) et déprimer.

Si tu es un/une suiveur/suiveuse et que tu préfères écouter, observer et suivre les ordres d'un/une chef compétent/compétente alors assure-toi d'être dans un groupe ou tu es respecté(e) et écouté(e) lorsque tu partages ton opinion. Ne soit pas invisible. Ne sers pas de paillasson et d'esclave pour tous les autres membres qui profitent de ta naïveté et de ta gentillesse. Dans un groupe, tous les membres doivent être égaux et le chef doit veiller au bien-être de chaque membre de celui-ci. Donc si le/la leader n'a jamais de temps pour toi et que les autres n'ont que faire de tes idées ou sentiments, ce groupe ne t'es pas bénéfique. Il est temps de t'en séparer et d'aller là où tu seras écouté(e), encouragé(e) et respecté(e). Donne-toi le temps, kiffe ta vie à ta façon, et quand le temps sera venu, tes talents seront reconnus. Tu trouveras ta place parmi les tiens.

15

Comment overkiffer si tu es timide ?

De base, personne ne nait timide ou confiant(e), rock star, séducteur/séductrice ou super orateur/oratrice. On le devient. Dès que l'on fait face à l'inconnu, le doute, la peur et la timidité s'empare de nous bien souvent parce que l'on a acquis ce comportement de nos parents et/ou de notre environnement. Être courageux/courageuse, c'est avoir peur et agir en dépit de celle-ci.

Dans une certaine mesure, la timidité a son charme. Être réservé(e), légèrement maladroit(e), perdre ses mots face à une personne qui nous fait de l'effet, c'est mignon. Et ça peut être quelque chose qui nous fasse craquer pour quelqu'un.

Mais si elle est trop prononcée et permanente, alors c'est clairement un frein. Et c'est rédhibitoire pour ceux qui te côtoient. Si tu veux vraiment overkiffer ta vie et être au contrôle de ton bonheur, il est de ton devoir de t'en débarrasser. Définitivement.

Comment faire cela ? Une seule solution : La pratique.

Comme pour n'importe quelle discipline que tu voudrais maîtriser, pour gagner confiance en toi, il faut répéter encore et encore jusqu'à ce que ça fasse partie de toi et que ça devienne une compétence inconsciente. Alors, qu'est-ce que tu dois répéter exactement ?

Eh bien, tout ce qui t'effraie pour l'instant. Si par exemple tu n'oses pas dire bonjour à un/une inconnu(e), commence à dire bonjour à l'un/une d'entre eux/elles. Puis, le lendemain, recommence. Vas-y étape par étape. Fais-le une fois par jour, puis deux, puis trois, puis dix, etc. Jusqu'à ce que ta peur ait disparue et que tu sois à l'aise avec cette pratique.

Si tu n'oses pas envoyer un message privé à quelqu'un, pareil. Envoies-en un à une personne, puis une autre personne, et ainsi de suite jusqu'à ce que tu sois à l'aise.

Si tu n'oses pas parler face à un public. Même chose. Fais-le une fois, deux fois, trois fois, etc.

Si tu n'oses pas tuer un insecte, trouve un magazine, une pantoufle, un coussin, un balai, un gant, n'importe quoi qui te serve d'arme à distance, vise bien, puis frappe fort et rapidement. Plusieurs fois s'il le faut. Après cette première victoire, la prochaine sera plus simple et la suivante encore plus, … D'ici peu de temps, tu seras devenu(e) un/une expert(e) en élimination.

Si tu préfères la non-violence, trouve un bocal, une feuille de papier, un balai ou n'importe quoi qui t'aide à escorter l'insecte dehors et rends-lui sa liberté. À force de pratiquer, de même tu seras à l'aise de le faire.

La chose à savoir c'est qu'il y a de fortes chances que la première fois soit nulle. Fais la paix avec cette idée. Peu importe ce que tu veux faire, il faut bien commencer quelque part. Donc, si tu t'y prends pitoyablement, relaxe ! C'est normal. Rare sont ceux qui deviennent pro instantanément à part les génies.

Qu'il s'agisse de faire du golf ou un sport en général, tenir un discours, jouer à un jeu vidéo, faire de la guitare ou un autre instrument, séduire une personne, parler une langue, embrasser quelqu'un, voyager seul, danser, éduquer un enfant, etc.

Tout s'apprend avec le temps et la répétition. Peu importe ton âge, il n'y a rien d'honteux là-dedans.

Quand tu fais mal quelque chose, ne le prends pas personnellement. TA façon de faire EST mauvaise, mais TU n'es pas mauvais(e). Tu vois la nuance ? Retiens bien ça. Ta façon de faire peut s'améliorer. Ce que tu es en essence est parfait dès la naissance. Il n'y a rien à changer. Si quelqu'un te dit que tu es nul(le) ou ne vaut rien, laisse-les dire. Toi, tu connais la vérité. Ta valeur n'a pas de prix. Tu es un être en constante évolution. Donc, ne perds pas de temps à déprimer ou à baisser les bras. Souris, sache que si tu veux, tu le peux, et persévère. Suis ce qui te fait du bien.

Si ce n'est pas fun, ne le fais pas. Inutile de se forcer à faire quelque chose que l'on n'aime pas. Mais c'est la seule raison de renoncer à une activité. L'ennui. L'ennui ou bien-sûr empiéter sur le libre arbitre de quelqu'un d'autre.

Pas la peur, le doute, la démotivation, etc. Non. Ça ce ne sont que des excuses. Tu peux les mettre à la poubelle. Tu n'en as pas besoin. Vivre dans l'overkiffance c'est ne jamais trouver d'excuses. Tu assumes tout ce que tu fais et n'as rien à cacher. Si tu refuses quelque chose, c'est un choix personnel. Tu agis uniquement pour ton bien-être et n'a de compte à rendre à personne.

Un outil pour te débarrasser de la timidité illico presto, c'est encore une fois de te rappeler que chacun vit dans sa réalité et que les mots n'ont que la valeur qu'on leur accorde. Donc, peu importe ce que l'on dit de toi, ce n'est pas important. Fais ce que tu veux faire, ose, expérimente et apprends.

Si quelqu'un rigole ou te juge parce que tu fais tomber quelque chose, bégaie, est maladroit(e), n'est pas doué(e), danse n'importe comment, fais une blague nulle, joue comme un manche, est habillé(e) de façon différente, etc. Laisse ça d'où ça vient. N'accorde aucune énergie à la négativité. Tu as le courage de dépasser tes peurs et te diriges vers toujours plus de kiffance. Ce n'est pas leur cas.

Sache que quelqu'un qui critique n'est jamais bien dans sa vie. Qu'il/elle le sache ou non. Quand tu vis dans l'overkiffance et est épanoui(e) tu n'as aucun intérêt à critiquer qui que ce soit. Tu as bien mieux à faire que d'abaisser tes vibrations à ce niveau. Tu respectes l'opinion de chacun et tu leur souhaites au contraire d'être heureux et de trouver le bonheur à leur manière.

16

Comment overkiffer un événement ou quoi que ce soit dans ta vie ?

Qu'il s'agisse de boire un jus d'orange, aller se promener, escalader une montagne, avoir son premier baiser, jouer au basket, déguster un bon plat mijoté, savourer un échange avec son/sa partenaire, effectuer une chorégraphie, écrire un livre, jouer d'un instrument, écouter de la musique, aller voir un film, cuisiner, aborder son crush, démarrer un business, peu importe ce que tu fais ou veux faire, comment overkiffer ça ? Comment overkiffer une activité quelle qu'elle soit ?

Voilà la réponse : En lâchant prise.

Pour vraiment profiter d'un moment, il faut lâcher tout le reste. Il ne s'agit pas de penser à combien de tâches ménagères il te reste encore à faire, est-ce que tu as bien fermé la porte d'entrée en quittant la maison, est-ce que tu as pensé à nourrir le chat, que va penser X ou Y si tu fais ceci ou vas là-bas, quand ou comment est-ce que tu vas payer ta prochaine facture, est-ce tu as le droit de kiffer autant alors que d'autres sont dans la misère, ... Peu importe où dérive ton mental, fais-le taire. La vie c'est ici et maintenant.

Alors si tu veux kiffer une activité, cesse ton monologue négatif, arrête d'être parano, pessimiste, auto-critique, oublie toutes ces questions surfaites, éteints ton mental et fie-toi à ton instinct. Agis au feeling. Improvise. Laisse parler tes émotions et laisse-les te guider.

C'est la clé pour overkiffer n'importe quel moment de ta vie. Laisse-toi aller et amuse-toi. Le ridicule ne tue pas. Quelle importance que l'on se moque de toi si tu kiffes ce que tu fais ? En fin de parcours, toi tu n'auras aucun regret. Eux en revanche, ils ne pourront pas en dire autant.

17

Comment overkiffer dès maintenant et pour toujours ?

Si tu as lu tous les chapitres de ce livre, et que tu as mis en pratique ce qu'ils conseillent, tu dois déjà avoir une bonne idée de ce qu'est l'overkiffance et de comment vivre selon elle. Cependant, au cas où ça n'aurait pas été clair, ou si tu te demandes encore comment l'appliquer au quotidien selon ta situation de vie actuelle, je vais te présenter l'outil absolu de l'overkiffeur.

Il s'agit de la non-résistance. L'art de la non-résistance c'est l'art de se détacher de n'importe quoi afin de retrouver instantanément la paix intérieure et de reprendre le contrôle de ses émotions. Si tu parviens à maîtriser ça, tu seras officiellement un overkiffeur.

Quoi qu'il se passe dans le monde, ça ne doit pas affecter ton bien-être intérieur. Tes sens peuvent être en alerte, ou irrités. Par exemple, il y a trop de bruit dehors, des gens crient dans la rue, il fait excessivement chaud, on te bouscule, on te critique, quelqu'un est convaincu que tu es coupable d'une chose que tu n'as pas faite, une nourriture est infecte, ça pue autour de toi, etc. Mais ton bien-être n'est pas troublé. Tu gardes le moral et la paix de l'esprit.

Ça t'intéresse d'avoir cette immunité ? De retrouver le calme intérieur sur commande peu importe ce qu'il se passe ?

Eh bien, voici comment faire cela. Voici comment se détacher de l'extérieur.

Il te suffit d'abandonner ton ego et tout ce qui te semble important dans l'instant. C'est aussi simple que ça.

Explications :

Tu penses que tu as besoin de l'ego pour vivre ou pour avoir un sens d'identité ? Tu penses que si tu perds un combat, rates ce match, t'excuses, ignores cet événement, manques ce rendez-vous, laisses quelqu'un gagner, draguer ton/ta copain/copine ou penser ce qu'il veut, c'est de la faiblesse, que tu auras la honte ou que ton monde va s'écrouler et que tu vas disparaître dans le néant ? Eh bien, en fait, non. Rien de tout ça n'est vrai. Cesse de le défendre et tu verras que tu seras toujours en vie. En fait, pour la première fois depuis très longtemps tu seras pleinement vivant. Comme lorsque tu étais enfant. Pourquoi ? Parce que, ce que tu es vraiment c'est conscience. Tu es la conscience incarnée. Tu es conscient d'avoir un corps et un mental, mais tu n'es pas ton corps ni ton mental, et ils n'ont pas conscience de qui tu es. Demande à ta main qui tu es, tu n'auras pas de réponse. De même, demande à ton mental ce que tu es, il ne pourra te partager que les informations que tu lui as donné en apprenant des informations consciemment. C'est toi, la conscience qui choisit de quoi nourrir ton mental. Tu peux le nourrir avec des informations utiles, bénéfiques, belles et agréables, ou des futilités, abrutissantes, néfastes et moches. Le choix te revient. Mais tu n'es pas ton ego. Sacrée révélation n'est-ce pas ? Prends le temps de méditer là-dessus et sur tout ce que cela implique.

Maintenant, pour appliquer la non-résistance, voici la technique :

Tu peux fermer les yeux ou les garder ouverts, ensuite, respire et lâche... Tout. Abandonne toute idée, de compétition, de lutte, de frime, de qui a raison, qui a tort, de défense de territoire, de connaissances, cesse de croire que tu es en danger ou que tu sais quoi que ce soit. Connecte-toi pleinement au présent et savoure l'instant. Observe comme quand tu es calme, le monde l'est aussi. Le rythme de la nature est le même depuis des siècles. En ne faisant qu'un avec le présent, tu te calques sur lui. C'est le mental humain qui est agité. Pas l'univers. L'ego te fait partir en guerre, alors que la non-résistance t'offre la paix de l'âme.

Rien ni personne n'a le pouvoir de choisir tes pensées. On peut essayer de t'influencer, oui. On peut essayer de te manipuler, oui. On peut te matraquer de publicités et de stimuli pour essayer de te faire céder, oui. Mais tu es libre de penser, de croire et d'imaginer ce que tu veux. Le choix final te revient et tu es libre de faire ce que tu veux de toutes ces informations. Alors, utilise ce pouvoir à bon escient et commence à overkiffer ta vie dès maintenant. Ne t'empoisonne pas l'existence pour des choses qui n'en valent pas la peine et sur lesquelles la plupart du temps tu n'as aucun contrôle. Concentre-toi sur toi et sur ce que tu peux faire pour améliorer ta vie.

Si tu veux un monde meilleur, devient une meilleure personne. L'univers est une somme d'individus. Chaque personne qui s'éveille à l'overkiffance est une personne qui aide le monde. Toute personne qui s'enfonce dans la négativité est une personne qui propage la destruction. À toi de choisir dans quel camp tu te sens le mieux. Mais je pense que le choix est assez évident. Les bonnes émotions te font te sentir léger/légère et fort(e), alors que de l'autre côté les émotions désagréables te font te sentir lourd(e) et faible. Selon ce que tu vis, et comment tu te sens, tu vas devoir remonter progressivement l'échelle émotionnelle afin de retrouver la joie et l'amour. Par exemple, sur l'échelle des émotions, il est mieux d'être en colère que dépressif/dépressive et suicidaire.

Chaque sentiment t'apporte quelque chose de différent et tu peux overkiffer chacun d'entre eux en t'autorisant à le vivre pleinement. Tu peux temporairement kiffer d'être en colère parce que ça fait du bien de se défouler. Mais ce n'est pas une énergie dans laquelle il est bon de rester. À la place, canalise cette colère et utilise cette énergie à quelque chose de bénéfique. Crée un projet, peints, danse, écrits, construits, fais du sport, etc. De même si tu es profondément triste. Tu peux temporairement kiffer cette émotion car elle te fait réaliser à quel point tu étais heureux/heureuse et tu peux transmuter cette énergie en étant reconnaissant envers l'expérience, l'objet, l'animal ou la personne qui t'a apporté tant de joie. Pour chaque émotion désagréable, il y a quelque chose de bénéfique à en tirer. Donc, au lieu de les fuir ou de les refouler, accueille-les bras ouverts, vis-les pleinement et transforme leur énergie en quelque chose de positif.

Avec le temps, si tu pratiques l'art de la non-résistance, tu feras de moins en moins face à ces émotions sombres car majoritairement elles sont liées à l'ego. Quand tu demeures conscient et que tu comprends comment l'univers fonctionne, qu'il n'y a rien de vraiment négatif ou de dramatique lorsque tu prends du recul, que ce sont simplement des événements et que c'est nous qui en donnons la teinte, tu réalises que la souffrance n'est pas une fatalité. Chacun attire à lui les gens, les circonstances et les événements correspondant à sa fréquence vibratoire, à savoir à son état émotionnel. Si personne n'est là pour te dire que c'est grave, la gravité disparaît d'elle-même. Si tu ne fais de rien un drame, les drames disparaîtront de ta vie. Quoi que les autres puissent penser. Chacun vit dans sa réalité. Bien ou mal ne sont que des étiquettes. Au cours de l'histoire, bien des choses dites mauvaises sont aujourd'hui considérées comme normales, voire bénéfiques. Et des choses qui étaient considérées comme positives sont maintenant considérées comme dangereuses. Tout est relatif. Rien n'est figé dans le marbre. Le monde est en constante évolution.

Maintenant, comprends ceci. Il ne s'agit pas de faire la politique de l'autruche, d'accepter tout et n'importe quoi ou de cautionner des atrocités. Comme je l'ai dit plusieurs fois, la règle numéro un à respecter pour overkiffer ta vie c'est : N'empiète pas sur le libre arbitre des autres. Ceux qui ne respectent pas cette règle doivent faire face aux conséquences de leur vice.

L'art de la non-résistance c'est l'art de se détacher de tout. Cependant, si tu es dans une situation où tu peux aider quelqu'un et que tu es inspiré(e) à le faire, fais-le. Si par contre tu n'es pas à la hauteur, fuis le combat. Il n'y a rien d'honorable à se faire tuer stupidement. Chacun a son rôle à jouer et ce sont les survivants qui écrivent l'histoire. Encore une fois, ton bien-être passe avant tout. Ne te sens donc pas coupable de sauver ta peau et de passer pour un/une trouillard(e). Au contraire, c'est faire preuve d'intelligence que de survivre. Grâce à toi certaines informations pourront par exemple être connues afin de capturer une menace.

Mais la majorité du temps, si tu es vraiment occupé(e) à overkiffer ta vie, à moins d'être attiré(e) par le danger et d'apprécier côtoyer des situations et individus à risques, il y a très peu de chances que tu aies à faire face à une situation du genre.

Conseils pour overkiffer ta vie à long terme :

Évite tout ce qui est négatif et mets de côté tout ce qui t'es néfaste.

Exemples : Le journal télévisé, les faits divers, les critiques gratuites, les ragots, les films gore, les musiques déprimantes, agressives, etc.

Selon ta sensibilité, fais le tri dans tout ça. Tu peux faire, lire et regarder ce que tu veux à condition que tu te sentes bien en le faisant. Si tu n'es pas à l'aise, que ce n'est pas drôle ou que ton bien-être s'en ressent d'une quelconque manière, mets cette activité à la poubelle, directement. Tu n'en as peut-être pas conscience, mais ton subconscient lui, absorbe tout. Il ne sait pas faire le tri.

Il n'y a donc aucun intérêt à se sentir mal, abaisser ses vibrations et/ou de faire des cauchemars pour des choses qui majoritairement ne te concernent pas. Et pour le peu qui te concerne vraiment, ça n'en vaut toujours pas la peine.

Donc, si tu veux overkiffer ta vie, dormir comme un bébé et avoir la conscience sereine, commence dès aujourd'hui à faire le tri. Abandonne tout ce qui te fait du mal et ne t'oriente que vers ce qui te fait du bien.

Réduis au maximum les activités que tu n'aimes pas faire, et pour celles qui sont temporairement obligatoires, change la façon dont tu les perçois afin de les rendre fun. Quitte à devoir le faire, autant s'amuser. Là encore, la non-résistance, mettre ton ego au placard t'aidera à faire ces tâches sans y mettre d'attachement émotionnel. Tu pourras sourire et rester zen en accomplissant ce que tu as à faire.

Pareil avec les contacts. Fais le tri et entoure-toi de personnes bénéfiques. La qualité est plus importante que le nombre. Et pour celles que tu es temporairement obligé de côtoyer, lâche prise et délaisse le pouvoir que tu leur accordes. Tiens-toi au minimum syndical. Ne parle pas plus qu'il ne le faut. Dis-toi qu'elles font déjà partie du passé et ne leur donne aucune énergie. Sois respectueux et neutre.

Lorsque tu vis de cette manière, et que tu es détaché(e) de tout, tout en étant paradoxalement plus présent(e) et connecté(e) à tes ressentis que jamais, tu t'aperçois d'à quel point les gens sont coincés dans leur mental. Ils sont inconscients, agités, paniqués, stressés, angoissés, colériques, impatients, bruyants, confus, malades, incohérents, perdus, fatigués, rancuniers, … Ils ne se rendent pas compte un instant que s'ils lâchaient prise et se reconnectaient au présent, toutes ces tensions disparaîtraient dans la seconde et qu'ils retrouveraient le bonheur et l'overkiffance qu'ils cherchent tant inconsciemment.

18

Conclusion

L'overkiffance est accessible à tous. Peu importe ton âge, ton sexe, tes origines, ton apparence, ton état de santé, là où tu vis, ce que tu as vécu, le nombre de bagages émotionnels que tu transportes, etc. Rien de tout ça n'est important. La seule chose qui compte c'est : Est-ce que tu veux overkiffer ta vie ?

Si oui, tu sais maintenant ce qu'il te reste à faire. Tout est expliqué dans ce livre. Relis-le autant de fois que nécessaire. Amuse-toi. Mets-le en pratique. Médite dessus. Imprègne-toi de sa philosophie et si tu ne kiffes pas ta vie grâce à lui, libre à toi de trouver ailleurs ce qui te fera kiffer ta vie. Comme je le dis toujours : Aucune information n'est utile si elle ne parle pas à ton être intérieur.

Merci de m'avoir lu. J'espère que tu as passé de bons moments en lisant ce livre et que ta vie s'en voit transformée positivement. Je te souhaite de vivre dès maintenant et pour toujours dans l'overkiffance. Prends soin de toi et kiffe ta vie ✌